EDICIÓN PATHFINDER

Por Barbara Keeler

CONTENIDO

La fuerza del agua. La energía del agua proporciona electricidad a millones de personas.

LA ENERGÍA DEL agua

El agua cae rugiendo por la catarata. Luego se desplaza con furia río bajo. Las cataratas del Niágara son las más potentes de los Estados Unidos. Muchas personas las visitan todos los años. Pero son más que un bonito lugar para ir de vacaciones. El río Niágara, que lleva a las cataratas, también es una fuente de energía. El agua de este río, que se desplaza a gran velocidad, se puede usar para trabajar. Aprendamos de qué manera se ha usado el agua para trabajar durante los años.

Por Barbara Keeler

Ruedas hidráulicas

El agua en movimiento es una fuente de poder. Las personas han utilizado esta energía para trabajar durante miles de años. La rueda hidráulica se inventó para ayudar a usar la energía del agua. Una rueda hidráulica es una rueda que gira gracias a la fuerza del agua. El agua que fluye empuja las tazas o paletas que se encuentran en los extremos de la rueda. El agua en movimiento hace que la rueda gire. Cuando gira la rueda, se genera energía. Las personas usan esta energía para trabajar.

Las ruedas hidráulicas se han usado para trabajar desde hace mucho tiempo. En 1621, los colonos de Jamestown, Virginia, construyeron el primer molino con el fin de moler granos para hacer harina. ¿Qué hacía funcionar el molino? El agua que fluía por el río James hacía girar una rueda hidráulica. A medida que la rueda daba vueltas hacía girar una piedra redonda y pesada dentro del molino. La piedra molía el grano o el maíz para hacer harina. Con el correr del tiempo, las ruedas hidráulicas se usaron para cortar madera, hilar algodón y hacer muchas otras cosas.

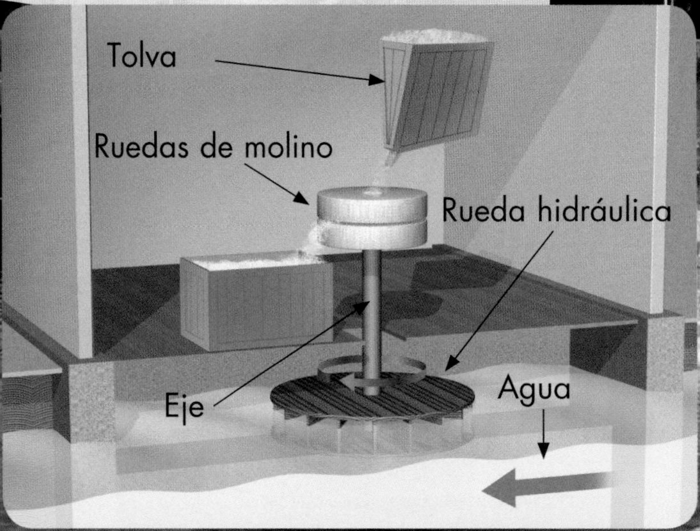

Rueda en funcionamiento.
Aquí vemos de qué manera una antigua rueda hidráulica hacía girar una piedra de molino en un molino. Se usaba una piedra de molino para moler granos.

Una gran rueda. Esta rueda hidráulica vertical tiene miles de años. Sin embargo, todavía hoy funciona.

El mundo cambia

Con el correr del tiempo, las personas usaron las ruedas hidráulicas y los engranajes para realizar todavía más trabajos. La energía del agua ayudó a cambiar la manera en la que las personas trabajaban. En Inglaterra, un hombre llamado Richard Arkwright inventó una **máquina** para fabricar una hebra resistente. La hebra es algodón hilado que parece un hilo. Se usa para tejer tela. Arkwright usó la energía de las ruedas hidráulicas para hacer funcionar las máquinas.

Las personas comenzaron a poner muchas máquinas en edificios que se denominaron fábricas. Se podían hacer más hebras y más tela con más cantidad de máquinas.

Las fábricas necesitaban mucha energía para hacer funcionar las máquinas. Las personas usaban varias ruedas hidráulicas a la vez para generar más energía.

Más energía. En ocasiones se usaban caces de molino para dar más potencia a las ruedas hidráulicas. Un caz de molino es un canal de agua construido por el hombre, que se utiliza para hacer fluir más agua a una rueda hidráulica.

Las vidas de las personas cambiaron

El uso de la energía del agua en movimiento cambió la forma de vida de las personas. A principios de 1800, Francis Cabot Lowell trajo máquinas para hacer tela de algodón a los Estados Unidos. Las máquinas usaban ruedas hidráulicas para obtener energía. Muy pronto, estas máquinas y ruedas hidráulicas suministraron energía a los molinos para fabricar telas en toda Nueva Inglaterra.

Los nuevos molinos y fábricas cambiaron la forma de vida de las personas. Las personas se mudaron de las granjas a las ciudades con molinos para trabajar en las fábricas. Más personas tuvieron empleos en fábricas en vez de granjas. En las ciudades vivían más personas que antes.

Energía del agua

La misma idea que se usaba para hacer funcionar las ruedas hidráulicas se utiliza hoy para conseguir otro tipo de energía: la electricidad. Las plantas generadoras de energía llamadas **centrales hidroeléctricas** transforman la energía del agua en movimiento en electricidad.

Cuando el agua fluye a través de la central, empuja las paletas de una **turbina**. Una turbina funciona como una rueda hidráulica. Cuando el agua empuja las paletas, la turbina gira.

Un eje de la turbina está unido a un **generador**. El generador produce electricidad.

Creando energía. Una turbina es similar a una rueda hidráulica colocada de lado.

Inundado de energía. Muchas centrales hidroeléctricas están construidas en represas. La represa Grand Coulee en Washington es el mayor proveedor de energía eléctrica de los Estados Unidos.

En la cresta de la ola. Esta máquina se baja hasta las olas para aprovechar su poder. La están usando en Dinamarca.

El movimiento del océano

El océano es la mayor masa de agua en movimiento sobre la Tierra. Los científicos están empezando a usar el agua del océano para generar electricidad.

Hay muchas formas de usar la energía de las olas del mar. Hay algunas máquinas que se anclan al fondo del océano. Capturan la energía del agua a medida que el agua fluye a través de ellas. Otras máquinas están colocadas en la cresta de las olas. También capturan la energía del agua que fluye.

La primera granja comercial de olas abrió en Portugal en 2008. Los científicos creen que es la primera de muchas plantas que generarán energía eléctrica mediante el océano.

El pasado y el futuro

De moler grano a generar electricidad, las personas han recorrido un largo camino en el uso del agua en movimiento para generar energía. ¡Quién sabe cómo la usaremos en el futuro!

VOCABULARIO

central hidroeléctrica: lugar en el cual el agua en movimiento se usa para generar electricidad

generador: invento que transforma la energía del movimiento en energía eléctrica

máquina: algo que facilita el trabajo

turbina: rueda que hace girar una estructura dentro de un generador

COMBUSTIBLE DE agua

¿Sabías que puedes obtener otro tipo de energía del agua? En el agua hay hidrógeno. El hidrógeno se puede usar como combustible.
El hidrógeno se puede utilizar para proporcionar energía para hacer funcionar automóviles y otros vehículos. De hecho, ¡el trasbordador espacial usa hidrógeno como combustible!

Fabricando hidrógeno

La mayor parte del hidrógeno no existe solo. Por lo general, está unido a otra materia. El hidrógeno está presente en el agua, en las plantas y en otras cosas que crecen. También se puede encontrar en el suelo. Los científicos han encontrado formas de separar el hidrógeno de otra materia. Pero este proceso puede resultar costoso. Por eso, los científicos están buscando maneras de conseguir mucho hidrógeno más barato.

En la actualidad, las empresas automotrices están fabricando automóviles que funcionan a hidrógeno. Muchas personas están muy entusiasmadas con la idea de usar hidrógeno como combustible. ¿Por qué? Un automóvil que funciona a hidrógeno sólo produce agua. Por lo tanto, no contamina el planeta. Usar hidrógeno como combustible es una buena manera de cuidar el medio ambiente. Quién sabe; ¡tal vez un día conduzcas un automóvil a hidrógeno!

Cargando combustible. En esta estación se carga hidrógeno para automóviles a hidrógeno.

Energía verde. Esta máquina contiene seres vivos similares a las plantas, que se llaman algas. Los científicos están llevando a cabo experimentos con algas. Se preguntan si las algas pueden producir suficiente hidrógeno para los automóviles y otras máquinas.

La energía del agua

Déjate llevar por la corriente y responde estas preguntas sobre la energía del agua.

1. ¿Qué hace girar una rueda hidráulica?
2. Menciona algunos de los trabajos que han realizado las ruedas hidráulicas para las personas.
3. ¿De qué manera la energía del agua cambió la forma de trabajar de las personas?
4. ¿Cómo se usa el agua para generar energía?
5. ¿Por qué el hidrógeno es mejor para el medio ambiente que los combustibles líquidos?